Eine praktische, projektbasierte Einführung in die Python-Programmierung.

Inhalt

4

Urheberrechtsanspruch

Dieses Buch ist Eigentum von Professor Touceef, der als Assistenzprofessor am Associate College arbeitet.

Nach vorne

Beschreiben Sie Python.

Python ist eine bekannte Allzweck-Cloud-Computersprache mit einem breiten Anwendungsspektrum. Aufgrund seiner High-Level-Datenstrukturen, der dynamischen Typisierung, der Variablenbindung und einer Vielzahl anderer Funktionen eignet es sich ideal sowohl für die Skripterstellung oder den „Glue-Code", der Komponenten verknüpft, als auch für die Erstellung anspruchsvoller Programme. Darüber hinaus könnte es so erweitert werden, dass praktisch jedes Betriebssystem C- oder C++-Anwendungen ausführen und Systemfunktionen aufrufen kann. Python ist eine universelle Sprache, die in einer Vielzahl von Anwendungen eingesetzt werden kann und mit nahezu jeder Systemarchitektur kompatibel ist.

Python ist eine objektorientierte, interpretierende Programmiersprache. Zu den aufgeführten Merkmalen gehören Klassen, dynamische Typisierung, dynamische Datentypen auf extrem hoher Ebene, Ausnahmen, Module und Ausnahmebehandlung.

Der Python Packaging Index (PyPI) beherbergt Hunderte von Drittanbietermodulen für die Computersprache. Beispielsweise ist Django ein bekannter Standard für die Webentwicklung, während NumPy , Pandas und Mathplotlib bekannte Standards für die Datenrecherche sind.

Geschichte von Python

Beliebte High-Level-Allzweck-Programmiersprache Python. Es wurde zuerst von Guido van Rossum , dann von der Python Software Foundation entwickelt. Dank der Betonung der Lesbarkeit des Codes können Programmierer Ideen mithilfe der Syntax und weniger Codezeilen vermitteln.

Es sollte Ende der 1980er Jahre sein, als Geschichte geschrieben wurde. Zu diesem Zeitpunkt begann die Python-Entwicklung. Kurz darauf begann Guido Van Rossum im Dezember 1989 am niederländischen Centrum Wiskunde & Informatics (CWI) mit der Arbeit an anwendungsbasierten Projekten. Er startete es zunächst als Hobbyprojekt, da er nach etwas Unterhaltsamem für die Ferien suchte. Die ABC-Programmiersprache , deren Überlegenheit Python zugeschrieben wird, umfasste die Ausnahmebehandlung und interagierte mit dem Amoeba-Betriebssystem. Zu Beginn seiner Karriere hatte er beim Aufbau von ABC mitgewirkt. Obwohl er bestimmte Probleme mit ABC gesehen hatte, gefielen ihm im Allgemeinen die Funktionen. Die nächste Maßnahme, die er ergriff, war wirklich ziemlich klug. Er hatte einige der nützlichen Elemente und die Syntax von ABC einbezogen. Er ging diese Probleme umfassend an und entwickelte eine leistungsstarke Skriptsprache, die aufgrund des erhaltenen Feedbacks fehlerfrei war. Er nannte es Python, weil er ein großer Fan der BBC-Fernsehsendung „Monty Python's

Flying Circus" war und einen einprägsamen, einprägsamen und irgendwie faszinierenden Namen für seine Erfindung wollte. Bis zu seinem Rücktritt als Staatschef am 12. Juli 2018 präsidierte er als „Gütiger Diktator auf Lebenszeit" (BDFL). Früher hat er eine Zeit lang für Google gearbeitet, jetzt arbeitet er für Dropbox. 1991 wurde die Sprache schließlich veröffentlicht. Im Vergleich zu Java, C++ und C war bei der Erstveröffentlichung viel weniger Code zur Beschreibung der Konzepte erforderlich. Auch sein Designethos war äußerst fundiert. Seine Hauptziele sind die Verbesserung der Entwicklereffizienz und der Lesbarkeit des Codes. Als es zum ersten Mal eingeführt wurde, verfügte es über mehr als genug Leistung, um Klassen mit

Vererbung, einer Reihe grundlegender Datentypen, Ausnahmebehandlung und Funktionen auszustatten.

Python in Windows integrieren

Python kann auf verschiedene Arten auf einem Windows-Computer installiert werden. Die Auswahlmöglichkeiten, die wir in dieser Lektion untersuchen, sind unten aufgeführt:

Die direkte Installation von Python aus dem Microsoft Store ist eine schnelle und einfache Alternative, mit der Sie Python im Handumdrehen nutzen können. Anfänger, die Python zu Lernzwecken auf ihrem Computer verwenden möchten, werden es äußerst hilfreich finden.

Direktes Herunterladen von Python, das von der Python-

Website erweitert wird: Mit diesem Ansatz haben Sie eine bessere Kontrolle über den Installationsvorgang und können Ihre Installation personalisieren.

Installieren Sie Python mithilfe einer Anaconda-Distribution: Eine beliebte Python-Installation namens Anaconda verfügt über viele vorinstallierte Tools und Pakete, was sie zu einer geeigneten Wahl für wissenschaftliches Rechnen und Datenforschung macht.

Für welchen Ansatz Sie sich auch entscheiden, es wird nicht lange dauern, bis Python auf Ihrem Windows-Computer ausgeführt wird. Gelegentlich ist Python auf Ihrem Computer vorinstalliert. So überprüfen Sie, ob Python auf Ihrem Windows-Computer installiert ist.

15

Identifizieren von Python-Installationen auf Windows-Maschinen

Für den Zugriff auf Python können sowohl das Startmenü als auch das Terminal verwendet werden.

Sie können das Terminal verwenden, um zu überprüfen, ob Python auf Ihrem Windows-Computer eingerichtet ist, indem Sie die folgenden Schritte ausführen:

Öffnen Sie ein Befehlszeilenprogramm, z. B. die Eingabeaufforderung (die Standardeinstellung in Windows 10 oder Windows 11) oder Windows Terminal.

„Python" sollte in die Befehlszeile eingegeben werden. Wenn Python eingerichtet ist, sollte eine Meldung ähnlich „Python 3.xx" erscheinen, gefolgt von der Python-Eingabeaufforderung, die als „>>>" angezeigt wird. Beachten Sie, dass die Versionsnummer von Python „3.xx" ist.

Sie werden sofort zur Python-Installation im Microsoft Store weitergeleitet, sofern Python noch nicht auf Ihrem Computer installiert ist. Bitte beachten Sie, dass Python auf der Seite, die Sie besuchen, möglicherweise nicht aktualisiert wird.

Richten Sie Python ein

Öffnen Sie das heruntergeladene Paket, um die Installation zu starten.

Das Akzeptieren des Standardinstallationsorts ist sicher und das Hinzufügen von Python zu PATH ist unerlässlich. Python-Apps, die Python zum Funktionieren benötigen, wissen nicht, wo sie sich befinden, wenn Sie es nicht zu Ihrer PATH-Umgebungsvariablen hinzufügen. Bevor Sie fortfahren, aktivieren Sie diese Option unten im Installationsfenster, da sie noch nicht ausgewählt ist.

Sie müssen Windows Ihre Zustimmung geben, bevor Sie eine Anwendung über einen anderen Herausgeber als Microsoft installieren dürfen. Wenn Sie in der Benutzerkontensteuerung dazu aufgefordert werden, klicken Sie auf „Ja".

Wenn Windows die Verteilung der Dateien aus dem Python-Paket an die entsprechenden Stellen abgeschlossen hat, warten Sie geduldig, bis der Vorgang abgeschlossen ist. Zu diesem Zeitpunkt ist die Python-Installation abgeschlossen.

Zeit, Spaß zu haben.

Richten Sie eine IDE ein
Obwohl ein Texteditor wirklich alles ist, was Sie zum Erstellen von Python-Programmen benötigen, ist eine integrierte Entwicklungsumgebung (IDE) nützlich. Ein Texteditor mit mehreren benutzerfreundlichen und praktischen Python-Funktionen ist in eine IDE integriert. Zwei hervorragende Open-Source-Optionen, die Sie in Betracht ziehen sollten, sind IDLE 3 und Pycharm (Community Edition).

LEERLAUF 3

Eine IDE namens IDLE ist in Python enthalten. Sie können Code in jedem Texteditor schreiben, aber mit einer IDE erhalten Sie Zugriff auf Funktionen wie die Schlüsselworthervorhebung, die Ihnen beim Erkennen von Fehlern hilft, eine Schaltfläche „Ausführen", um Ihren Code schnell und einfach zu testen, und andere Tools, die in einfachen Texteditoren oft nicht verfügbar sind wie Notepad++.

Klicken Sie auf das Startmenü (oder das Fenstermenü) und suchen Sie nach Übereinstimmungen für „Python", um IDLE zu starten. Da Python mehrere Schnittstellen bietet, könnten Sie einige Übereinstimmungen entdecken, also starten Sie unbedingt IDLE.

Ihr erstes Programm

"Hallo Welt!" ist ein zeitloses Beispiel für ein erstes Programm. Folgen wir der Konvention. Geben Sie ein, nachdem Sie Folgendes eingegeben haben:

"Hallo Welt!" gedruckt wird.

Die Welt kann jetzt zum Greifen nah sein, auch wenn es vielleicht nicht viel zu sein scheint. Sag noch einmal Hallo. Seien Sie beim nächsten Vortrag zum Thema Ausführen und Speichern von Dateien in IDLE dabei.

Datenformate

Variablen in Python können Werte verschiedener Datenarten speichern, die manchmal auch als Werttypen bezeichnet werden. Die typischsten Datenarten sind wie folgt:

- Ganze Zahlen wie 1, 2 und 3 werden als Ganzzahlen (int) bezeichnet.
- Floats: Dezimalzahlen wie 3, 14, 2, 718 und 1,61 80 339
- (str) Stringt Zeichenfolgen wie „hello" und „world"
- (bool) Boolesche Werte: Wahre oder falsche Werte für die Logik
- Die Methode type() kann verwendet werden, um den Typ einer Variablen zu bestimmen:

- print(type(x)) # druckt cl x = 5

Ganze Zahlen

Tatsächlich gibt es in Python 3 keine Längenbeschränkung für Ganzzahlwerte. Wie bei allem anderen ist sie natürlich durch den auf Ihrem Computer verfügbaren RAM begrenzt, aber ansonsten kann eine Ganzzahl so lang sein, wie Sie sie benötigen:

```
>>> drucken (123123123123123123123123123
12312312312312312312 + 1)
123123123123123123123123123
123123123123123123124
```

Python betrachtet die folgende Folge von Dezimalziffern als Dezimalzahl:

```
>>> drucken( 10)
10
```

Parameter erstellen

In Python können Sie zu einer neuen Variablen führen, indem Sie einer vorhandenen Variable mithilfe des Zuweisungsoperators (=) einen Wert zuweisen. Der Variablenname kann aus einer beliebigen Kombination aus Buchstaben, Ziffern und Unterstrichen bestehen, eine Zahl darf jedoch nicht das erste Zeichen sein. Hier sind einige Beispiele für die Verwendung von Python-Variablen:

Z entspricht 3,14, wenn x = 5 und y = „Hello World"

Darüber hinaus können Sie viele Variablen gleichzeitig zuweisen:

Wenn x, y und z gleich 5 sind, erscheint die Meldung „Hello World".

Bei der Benennung von Variablen in Python ist die Einhaltung einiger Grundsätze unerlässlich. Variablennamen sollten aussagekräftig sein und in Kleinbuchstaben (Schlangenschrift) geschrieben werden. Wörter sollten durch Unterstriche getrennt werden. Variablenname ist ein besserer Name als Variablenname oder Variablenname . Darüber hinaus gibt es in Python einige Wörter, die nicht als Variablennamen verwendet werden können, z. B. if, else, True, False, None und, or, not usw.

Variablen verschieben

Nachdem eine Variable eingerichtet wurde, kann ihr Wert geändert werden, indem ihr ein neuer Wert zugewiesen wird. Zur Veranschaulichung:

x = 5 x = 10

Im vorherigen Beispiel wird x zunächst auf 5 gesetzt und anschließend wird sein Wert auf 10 geändert.

Saiten

Zeichenfolgen bilden Zeichenfolgen. In Python ist der String-Typ als str bekannt.

Zur Trennung von Zeichenfolgenliteralen können einfache oder doppelte Anführungszeichen verwendet werden. Die Zeichenfolge enthält alle Zeichen zwischen dem Erstellungstrennzeichen und dem entsprechenden Schlusstrennzeichen:

>>> Drucken „Ich bin ein String.“
Ich bin nur eine Schnur.

Typ („Ich bin eine Zeichenfolge.“)
' str ' class="">

>>> print(„Ich bin bei dir.“)
Ich stimme zu.
>>> type(„Ich bin bei dir.“) class'str
'>

In Python kann ein String beliebig viele Zeichen haben. Die einzige Einschränkung sind die RAM-Ressourcen Ihres Computers. Möglich ist auch ein leerer String:

>>> " "''

String-Escape-Sequenzen

Python kann gelegentlich auf verschiedene Arten aufgefordert werden, ein Zeichen oder eine Gruppe von Zeichen innerhalb einer Zeichenfolge zu lesen. Eines von zwei Dingen könnte dazu führen:

Möglicherweise möchten Sie die eindeutige Interpretation deaktivieren, die bestimmte Zeichen in einer Zeichenfolge häufig erhalten.

Möglicherweise möchten Sie Buchstaben in einer Zeichenfolge, die oft als wörtlich angesehen werden, eine bestimmte Bedeutung geben.

Dies kann durch Einfügen eines Backslash()-Zeichens erfolgen. In einer Zeichenfolge gibt ein Backslash-Zeichen an, dass ein oder mehrere Zeichen eine Sonderbehandlung erhalten sollen. Der Backslash bewirkt, dass die nächste Zeichenfolge ihrer regulären Bedeutung „entgeht", weshalb dies als Escape-Sequenz bezeichnet wird.

Mal sehen, wie das funktioniert.

29

Welche fünf Rechenverfahren gibt es?

Multiplikation * Multipliziert einen Operanden mit dem anderen.

Division / Dividiert den ersten Operanden durch den zweiten.

Addition + Addiert einen Operanden zum anderen.

Subtraktion – Subtrahiert den zweiten Operanden vom ersten

Modulo % gibt den Rest nach der Division des ersten und zweiten INTEGER-Operanden zurück.

Kommentar: Was sind sie und wie funktionieren sie in Python?

Mit einem Kommentar in Python markierte Codezeilen werden vom Interpreter beim Ausführen des Programms ignoriert. Programmierer können einen Code besser verstehen, indem sie Kommentare hinzufügen, die das Lesen erleichtern. Für Kommentare in Python, das drei verschiedene Typen unterstützt, kann nur eine Zeile verwendet werden .

Was sind die drei bedingten Anweisungen von Python?

Beispiele für If-Anweisungen in Python: So verwenden Sie bedingte

...

Die Grundbausteine der Programmierung sind bedingte Anweisungen (if, else und elif), mit denen Sie den Ablauf Ihres Programms als Reaktion auf bestimmte Situationen steuern können. Sie bieten Ihnen die Möglichkeit, innerhalb Ihres Programms Entscheidungen zu treffen und abhängig von diesen Entscheidungen anderen Code auszuführen. Wie erstellt man in Python eine if/ elif /else-Bedingung?

IF...ELIF...ELSE Python-Anweisungen

Beispiel. #!/ usr /bin/python var = 100 Wenn var gleich 200 ist, drucken Sie „1 – Habe einen wahren Ausdruckswert erhalten", wenn var größer oder gleich 150 ist.elif var == 100: drucken Sie „3 – Habe einen wahren Wert erhalten." Ausdruckswert" print var else: print „4 – Falscher Ausdruckswert" print var print „Auf Wiedersehen!" print var print „2 – Habe einen wahren Ausdruckswert erhalten"

Was erreichen Python-for-Schleifen?

Mithilfe von for-Schleifen kann ein Codeabschnitt eine bestimmte Anzahl von Malen wiederholt werden. For-Schleifen werden häufig mit unveränderlichen Objekten wie Listen und Bereichen verwendet. Der Block wird jedes Mal ausgeführt, wenn ein Python for Express die Elemente in einer Sequenz in chronologischer Reihenfolge durchläuft.

Wie rückt man in Python Pharm einen Codeabschnitt ein?

Drücken Sie im Editor Strg Alt 0I, um das erforderliche Codestück auszuwählen. Gehen Sie zu Editor | Codestil im Menü „Einstellungen" (Strg Alt 0S), wenn Sie die Einrückungseinstellungen ändern müssen. Wählen Sie auf der Registerkarte „Tabs und Einzüge" der entsprechenden Sprachseite die erforderlichen Einrückungsoptionen aus und klicken Sie dann auf „OK".

Python sollte um zwei oder vier Leerzeichen eingerückt werden. Die Sprache gibt nicht den Umfang der Einrückung in einer Ebene an, daher kann dieser von Block zu Block unterschiedlich sein. Allerdings muss jeder Block gegenüber dem davor liegenden Block um eine Ebene eingerückt werden. Der Interpreter ist zufrieden, solange jeder Block konsistent ist. Normalerweise nutzen wir pro Level vier Slots.

Argumentationsoperatoren

Logische Operatoren (entweder „Wahr" oder „Falsch") werden in Python für bedingte Ausdrücke verwendet. Sie führen Operationen wie logisches UND, logisches ODER und logisches NICHT aus.

OPERATORBESCHREIBUNG
LOGISCH UND SYNTAX UND: Wahr, wenn beide Operanden (x, y) oder logisch wahr sind. ODER: Wenn einer der Operanden (x oder y) wahr ist, ist das Ergebnis wahr. NICHT: Wenn der Operand nicht x ist, ist er wahr.

Python-Fehlerbehandlung

Mit dem Try-Block können Sie einen Codeblock auf Fehler überprüfen.

Zur Behebung des Fehlers kann der „esless" -Block verwendet werden.

Sie können weiterhin Code mithilfe des „final"-Blocks ausführen, unabhängig von den Ergebnissen der „try"- und „exclusive"-Blöcke.

Bearbeitung von Instanzen

Im Falle eines Fehlers oder einer Ausnahme, wie wir es nennen, wird Python häufig beendet und gibt eine Fehlermeldung aus.

Einige Ausnahmen können mit der try-Anweisung behandelt werden:

Beispiel: Geld für einen Python-Server ausgeben.

Der try-Block führt dazu, dass die Ausnahme ausgelöst wird, da x nicht angegeben ist:

Versuchen Sie, x ohne den Satz „Eine Ausnahme ist aufgetreten" zu drucken.

Da der Try-Block einen Fehler generiert hat, wird der Except-Block ausgeführt.

Ohne den Try-Block stürzt das Programm fälschlicherweise ab und gibt eine Fehlermeldung aus:

Beispiel

Diese Behauptung kann nicht wahr sein, da x nicht definiert ist:

drucken(x)

Was beinhaltet die Python-Dateiverwaltung?

Neben Erstellen, Öffnen, Anhängen, Lesen und Schreiben unterstützt Python auch ...

Beim Programmieren ist der Umgang mit Dateien eine regelmäßige Aufgabe. Die in Python integrierten Methoden zum Generieren, Öffnen und Schließen von Dateien erleichtern die Dateiverwaltung. Während eine Datei geöffnet ist, ermöglicht Python auch verschiedene Dateiaktionen, wie etwa das Lesen, Schreiben und Anhängen von Daten.

Was sind die Python-Dateioperationen?

1. Verwenden Sie die open()-Methode in Python, um eine Datei im „r"-Modus zu öffnen, was bedeutet, dass sie nur zum Lesen verfügbar ist.

Der Modus „w" gibt an, dass die Datei ausschließlich zum Schreiben zugänglich ist.

Die Ausgabe dieses Programms wird an die vorherige Ausgabe dieser Datei angehängt, wie durch den Modus „a" angegeben.

Module für Python

Wenn Sie möchten, dass Ihr Code schön strukturiert ist, ist es sinnvoll, mit dem Gruppieren ähnlicher Codes zu beginnen. Ein Modul ist im Wesentlichen eine Gruppe zusammengehöriger Codezeilen, die in einer.py-Datei gespeichert sind. In einem Modul können Sie entscheiden, ob Sie Variablen, Klassen oder Funktionen definieren möchten. Ausführbarer Code kann problemlos in Module eingebunden werden.

Schreiben wir zum Beispiel eine Funktion, um neue Studierende in einem bestimmten Kurs willkommen zu heißen:

Druckdefinition.
Willkommensnachricht (Kurs)(
„Wir freuen uns über Ihr Interesse

an unserem „ + Kurs + „-Kurs. In Kürze erhalten Sie eine E-Mail mit allen Informationen.
Wir speichern diesen Code in einer Datei namens Welcome.py, damit er in das Willkommensmodul eingebunden werden kann.

Wir müssen zunächst das entsprechende Modul über die Importzeile importieren, bevor wir diesen Code in unserer Anwendung verwenden können. Durch den Aufruf der Funktion mit dem Modul sind wir dann darauf vorbereitet, eine in diesem Modul angegebene Funktion zu verwenden. Syntax für Funktion ():

Willkommen Import willkommen.
Willkommensnachricht „Python-Grundlagen Teil 1".
Ausgabe

Wir freuen uns über Ihr Interesse an unserem Kurs „Python-Grundlagen Teil 1". In Kürze erhalten Sie eine E-Mail mit allen Informationen.

Pakete für Python

Sie könnten beim Erstellen einer großen Anwendung viele verschiedene, schwierig zu verwaltende Module erstellen. In dieser Situation profitieren Sie davon, wenn Sie Ihre Module gruppieren und strukturieren. An diesem Punkt kommen Pakete ins Spiel.

Im Wesentlichen sind Python-Pakete Sammlungen von Modulen in einem Verzeichnis. Die hierarchische Struktur des Modul-Namespace wird durch Pakete unterstützt. Wir können unsere Module in Paketen und Unterpaketen auf die gleiche Weise anordnen, wie wir unsere Daten auf einer Festplatte in Verzeichnissen und Unterordnern anordnen.

Ein Verzeichnis muss die Datei __init__.py enthalten, damit es als Paket (oder Unterpaket) betrachtet wird. Der Initialisierungscode für das zugehörige Paket ist oft in dieser Datei enthalten.

Beispielsweise können wir die Module für unser Data-Science-Projekt in das Paket „My Model" packen, wie unten dargestellt:

Python-Module, -Pakete, -Bibliotheken und -Frameworks haben unterschiedliche Eigenschaften.
Mithilfe der Punktnotation können wir bestimmte Module aus diesem Paket importieren. Zum Importieren des Datensatzmoduls aus dem oben genannten Paket kann beispielsweise einer der

folgenden Codeausschnitte verwendet werden:

Der Datensatz für das Training meines Modells

Was sind Klassen und Objekte in der objektorientierten Python-Programmierung?

Um Objekte zu erstellen, können Sie in Python wie in jeder anderen objektorientierten Sprache Klassen deklarieren. Die beliebtesten Datentypen in Python, wie Zeichenfolgen, Listen, Wörterbücher usw., sind integrierte Python-Klassen.

Eine Klasse definiert einen bestimmten Objekttyp über eine Gruppe verwandter Methoden und Instanzvariablen. Eine Klasse kann mit dem Modell oder der Blaupause eines Gegenstands verglichen werden. Die den Variablen, aus denen eine Klasse besteht, zugewiesenen Begriffe werden Attribute genannt.

Ein Objekt ist eine Instanz einer Klasse mit einem angegebenen Satz von Attributen. Infolgedessen kann eine unbegrenzte Anzahl von Objekten mit derselben Klasse erstellt werden.

Erstellen wir eine Klasse namens „Book" für die Verkaufssoftware, die von Buchhändlern verwendet wird.

Selbst. Titel = Titelselbst. Menge = Mengenklasse Buch: def _ init _ _(selbst, Titel, Menge, Autor, Preis) Selbst. Autor ist gleich Autor selbst. Preis entspricht Kosten

Was unterscheidet Scripting vom Programmieren?

Programmiersprachen werden zum Erstellen riesiger, komplizierter Softwareanwendungen wie Betriebssysteme und Unternehmenssoftware verwendet, während Skriptsprachen für einfachere Aufgaben verwendet werden. Sie werden auch bei der Erstellung von Systemdienstprogrammen und Gerätetreibern verwendet, bei denen es sich um untergeordnete Softwareteile handelt.

PEP8-Codierungsstil: Was ist das?

Lernen Sie mit PEP 8, atemberaubenden Python-Code zu schreiben – True Python

PEP 8 empfiehlt, Zeilen auf 79 Zeichen zu begrenzen. Dies liegt daran, dass es das gleichzeitige Öffnen mehrerer Dateien ermöglicht und Zeilenumbrüche verhindert. Natürlich ist es nicht immer praktisch, Behauptungen auf 79 Zeichen oder weniger zu beschränken. Methoden, mit denen sich Anweisungen über mehrere Zeilen erstrecken können, werden in PEP 8 beschrieben.

Wie hoch ist die Lesbarkeit eines Codes?

Erstens muss der Code das erwartete Ergebnis liefern und zweitens muss er für andere Entwickler einfach verständlich sein. Dies sind die beiden Hauptkriterien für die Lesbarkeit von Code. Sauberer Code ist wie eine saubere Kaffeetasse; Wenn es schmutzig ist, wird es niemand für Sie reinigen wollen, damit Sie es verwenden können.

Warum Tools zum Debuggen verwenden?

Wenn Fehler passieren, kann es schwierig sein, das Problem zu identifizieren und zu beheben. Der Einsatz von Debugging-Tools und -Techniken beschleunigt die Problemlösung und erhöht den

Entwickleroutput. Dadurch werden sowohl die Qualität des Programms als auch das Endbenutzererlebnis verbessert.

Was sind die vier Debugging-Schritte?

Zwei sorgfältig überwachte Studentenversuche ergaben ein vierstufiges Debugging-Verhaltensmodell: Das System verstehen, testen, das Problem finden und beheben sind die ersten drei Schritte.

Wer entwickelt und führt normalerweise Unit-Tests durch?

Entwickler

Da sie als Code geschrieben werden, der sich neben dem zu testenden Anwendungscode in der Codebasis befindet, werden Unit-Tests häufig von Entwicklern während der Entwicklungsphase eines Projekts generiert. Es gibt mehrere Frameworks zum Verwalten und Ausführen von Unit-Tests, die Entwickler verwenden können.

Wird Python für die Webentwicklung oder Datenwissenschaft verwendet?

Das Erlernen von Python für die Webentwicklung vs. Python für die Datenwissenschaft. Python-

Programmierung für die Webentwicklung erfordert, dass Programmierer mit einer Vielzahl von Web-Frameworks wie Django vertraut sind , die sie bei der Erstellung von Websites unterstützen können, während das Erlernen von Python für die Datenwissenschaft Datenwissenschaftler erfordert Machen Sie sich mit regulären Ausdrücken vertraut, beginnen Sie mit der Nutzung wissenschaftlicher Bibliotheken und beherrschen Sie die Daten.

Was sind die fünf wichtigsten Python-Prinzipien für die Datenwissenschaft, die Sie heute kennen müssen?

Python Data Science: 5 Schlüsselideen, die Sie verstehen sollten ...

Python Data Science: 5 Schlüsselideen, die Sie jetzt verstehen sollten: Big Data, KI, maschinelles Lernen, Datenbanken und Programmierung.

Wo befindet sich die Python-Community?

Auf der Website diskutiere.python.org finden Sie die offiziellen Pi-Community-Foren. Bitte besuchen Sie die Seite der lokalen Community des Python-Wikis, wenn Sie nach weiteren

Foren oder Boards in Ihrer Muttersprache suchen.